AF434015

Promesas Silenciosas

Carolina A. Durán

ISBN papel 978-84-686-0882-2

ISBN ebook 978-84-686-0883-9

D.L: LR 193-2012

Impreso en España

Editado por Bubok Publishing S.L.

No hubiera sido, sin el aliento de mi madre, sin el candor de mi padre, sin la luz de mi hermana Marcela, sin las personas de mis días, sin las vivencias de mi vida.

Los sucesos de la vida, como éste, son el resultado de una confabulación de lo inconexo que cobra sentido en un momento casual, de un día común, en lo inesperado de una mañana.

Índice

Iluminado..17

Loable elección.. 21

La voz.. 25

Historias de vida.. 29

Conexión.. 33

Consideración... 35

Confesión sin ruego.................................... 37

Contención desbordada.............................. 41

Reinvindicación...45

Desprendimiento.. 49

Don generacional.. 53

Deformación presionada..............................55

Ángulo parcial...59

Dulce vesania..63

Sin absolutos...67

Sin recepción...69

La minoría no ajena..................................... 71

Evocación.. 73

Inocencia perdida..75

Agite paciente...81

A sí mismo.. 85

¿Qué estoy haciendo yo?............................. 87

Mil atuendos sin sentido..............................93

Pasos desafinados, pero pasos..................... 95

Acorralamiento deliberado...........................97

En su sitio.. 101

Consagración.. 105

Resurgir.. 109

Parejas disparejas....................................... 113

Mediciones.. 115

La clave está en ti

¡Bienvenido! Estás a punto de entrar en una esfera donde tu participación es la esencia para completar la obra al capricho de tus inquietudes. Disfruta poniendo a prueba tu persistencia, tu tenacidad, tu concentración, tu valentía, tu capacacidad para pensar profundo, en un desvelo de tus propias emociones, opiniones, críticas, valores, sueños, esperanzas y otras pasiones.

Los siguientes escritos han sido ideados con la intención de ser un empuje a tu intelecto para que afloren aquellos pensamientos que ocultas protegidos en cajas recónditas de tu profundo interior. La autora presta lo indefinido para que cobre en ti definición, brinda semillas para que tú las hagas florecer, alienta a dar un paso más allá de lo evidente a lo no presente pero sugerente.

El objetivo de este libro es tu crítica, tu cavilación, tu inspiración, tu juicio, y tu determinación para encontrar sentido a un texto, al igual que, en el largo camino de nuestra vida, nos conformamos uno.

El don de las palabras

Las palabras, más allá de su belleza estética, tienen el don supremo de describir las emociones en un acto liberador. Hacen posible compartir un sentimiento que, en lo retenido, aprieta el pecho difuminando la realidad individual en un revoltijo de complicada descripción.

Los hechos son relativos, lo esencial es el impacto resultante, por ello, la empatía nace de esa capacidad humana de compartir heridas o alegrías, aún, en ausencia de similitud causal.

Prepárate para un entorno metafórico donde lo directo no es lo relevante sino lo implícito que abarca en un abrazo insinuante. Sumérgete en las entrañas de las historias, que en su brevedad te ofrecen el universo más extenso que hayas podido conocer, donde los horizontes no son lejanos sino ausentes.

La destreza que se requiere es más tu corazón que tu razón.

Promesas silenciosas

Todo ser humano, en el camino de su vida, debe tener consciencia de las promesas que está dispuesto a asumir. No aquellas que ciernen sobre objetivos de estilo de vida, de metas profesionales, y logros personales, sino aquellas que nos definen como las huellas que dejamos tras nuestros actos y decisiones.

Son las promesas "silenciosas". Las promesas, con uno mismo, que estipulan no hacia dónde se dirigirán los pasos sino el cómo se darán.

¿Qué porción de ti es indisoluble, inquebrantable, y resistente a cualquier circunstancia?

Dialoga contigo mismo. Quizá no con tu yo de hoy, o sí, puede que con tu yo del ayer; con el niño, con el adolescente, con el novato, o el veterano...

Tu mejor evasión, puede ser, la de evadirte en tu propio interior.

¡Lector anónimo!

Todo sucedió así. Me dirigí a la mesa. Lo cogí en brazos. Lo alcé a la altura de mis ojos. Lo llamé por su nombre "Promesas silenciosas" y, sencillamente, no me contestó.

Ingresé en sus entrañas, y las completé sin encontrar ninguna objeción por su parte.

Así pues, seguí debatiendo con él hasta altas horas de la noche. Indudablemente, gané yo.

Iluminado

¡Tozudo! se fomentó, y con furia tocó la bocina. Disparó la alarma de su corazón. Esas palabras aireadas, que se enredaron con las raíces de su carácter germinando lo pútrido de una estela maloliente. Nunca había sido testigo de tanta repugnancia por lo que la repulsión, que su piel mostró en costras de pimienta, le hizo sencillamente impresionarse. Una primicia que desnudó su afección y la expuso sin apuro, menos con permiso de sí. El salpullido avanzó raudo, y se incrustró en sus ojos como cristales anexionando niebla a su visión turbia por su inmejorable memez adulta. Revisó lo que estaba a su espalda, de la vida, pero no reconoció ni lo jactancioso, ni lo soberbio, ni lo rufián del impostor de su cuerpo. El picor se potenció, incluidas las arcadas, por la sensible sensibilidad sensiblera de su sentir novedoso.

El cielo era nuevo, sí, puede que lo estuviera compartiendo, sería lo más lógico, pero indudablemente era inédito.

Un momento para mirar atrás.

Murió, y vino otro, y después otro, y así tantos, que el índice de reproducción estaba por las nubes, nunca mejor dicho.

Estupefacto con la sincronía y la sintonía de tantas perfecciones, que entrelazadas, consecuentes, en cadena, e interactivas no se estorbaban sino que convivían, notó su falta y el pecado de su imprudencia.

Del picor pasó a las suaves cosquillas.

Loable elección

Las palabras habían sido su biberón desde niño no por asimilarlas sino por admirarlas. Nunca fue docto para el habla tampoco para la escritura. Ni siquiera dijo «Mamá» ni «Papá», le salió algo así como un «BbaBbá» hasta los tres años de edad. El lenguaje de señas menos aún fue su camino. Intentó ser mimo pero sus manos eran torpes.

La cima de su gloria, donde guardaba sus anhelos, estaba coronada por un libro completo nacido de su raciocinio y esculpido por sus manos. Sudó su frente durante la batalla interminable por una victoria escurridiza. Él repudiaba la rendición, más aún, conociendo el potencial de su silencioso pensamiento. La frustración no era amiga sino enemiga, pero para su desgracia ella sí lo quería. Pegada a él, insaciable e incansable, pesada y persistente, se colaba en su mente incluso mientras dormía. Él sabía que estaba siendo acosado, pero su poca perspicacia con las palabras le complicaban apartarla.

Decisiones que marcan la vida.

Sus dedos veloces unieron las letras con la misma soltura con la que corre la gacela. Lo más extraño era que tenían sentido, y lo admirable que fueran espléndidas, no buenas, ni excelentes; espectaculares. Estaba claro que la inspiración le susurraba al oído. La trama tomó cuerpo, llegó el momento culmen, empezó la sesión de claridad y ya tan cerca de darle conclusión...

Imploró «¡¡¡No pares!!!» como un admirador común, «Ten mi folio» le ofreció con absoluta abnegación. Acompañado con su asumida amiga la frustración observó complacido a su compañero acercarse a la cima para él todavía distante.

La voz

Su exposición en la habitación 230 del hotel hubiera sido la conclusión de un debate tenso. La seducción tenía mucho de imán siendo complicado rebelarse a las leyes de los iguales y los opuestos. Sintió la descarga con el simple roce de sus miradas. Acercarse, suponía asumir una inevitable explosión. Empuñaba la libertad en sus manos sin grilletes ni cadenas.

–¿Por qué me dices eso? –dijo con tono furioso.

–¿El qué? No he hablado.

–Si lo has hecho. No con palabras, pero tu rostro lo dice todo –recriminó.

–Es inevitable. Así soy.

–En ocasiones, ¡te odio!, –aclaró –. Con intensidad, profundamente, ¡no sabes cuánto! –especificó.

–Lo sé, es normal, tranquilo.

–¡Ag! ¿Por qué tienes que ser así? Siempre susurrando en mi tímpano desguarnecido...– Se levantó de la cama, recorrió la habitación–. ¿¡Podrías darme un poco de tregua!?

Escuchar a la voz de la conciencia.

–Toda la que quieras, eso lo decides tú. Eres libre ¿recuerdas?.

Cruzó la puerta de su casa, dejó las maletas, y tocó su alianza, y su mujer lo abrazaba.

–¿Preferirías hablar con el remordimiento? –le preguntó esa voz interior que siempre le importunaba.

Historias de vida

Cuatro horas narradas de batallas, aventuras, y vivencias duras, le dieron a sus oídos un agite tan similar al que su pensamiento sostuvo en un runrún incansable. Entre los pasos silenciosos de su vuelta a casa, en un brote de inspiración, concluyó que no era ruego de compasión ...

«Es prodigioso, descubrir que el estómago hueco no mortifica porque las heridas son más escandalosas; que el lugar que ha estado, siempre, vacío deja de estarlo segundos antes de que tú decidieras tomarlo; sentir que la zanja encuentra tu pie como motivo de su existencia; que llueve cuando no hay nada para cubrirte; que cuando consigues una respuesta ya tienes otra duda que te come la cabeza porque de famélico tu cuerpo ya ni te respeta.

Es portentoso, el segundo de decaimiento, cuando lo inaudito interfiere con lo previsto.

Es fascinante la mutación de la impotencia en potencia impulsada por una rabia obcecada con los deseos.

Rememoramos la buena actitud.

Es extraordinaria la batalla con las propias limitaciones y con aquellas impuestas por lo ajeno.

Más es sublime que cuando todo es recuerdo con orgullo lo rememoremos.»

Hay misterios que es mejor no resolver.

Conexión espiritual

Escuchó los sollozos tras muchas paredes, y calles, y barrios, y campos, y pueblos, y ciudades, y comunidades, y países, y continentes.

Ni el mar, ni las montañas, ni las rocas, solaparon la música de sus ojos.

Su pensamiento fue en su auxilio «Estoy contigo, tranquila.»

El viento le trajo su respuesta «Gracias, lo sentía.»

Y le devolvió un «No lo olvides.»

Siguieron, los dos, sus pasos sin saber quién era el real y quién el imaginario.

Atentos a lo visible e invisible.

Consideración

Díjose en una ocasión de introspección:

«Cuando las palomas desaparecen, entonces, veo con mayor nitidez su vuelo»

Díjose en un instante de confusión:

«Cuando me evité, inexplicablemente, no me encontraba. Lo cual no fue ni buena idea, ni buena etapa»

Díjose en un tris de compasión:

«Cuando el viento se ausenta nadie percibe su muerte»

Confesión sin ruego

Si el azul, siempre, fuera azul; y el negro, negro; y el rojo, rojo; y lo recto no se torciera; y lo curvo se mantuviera.

Si las cosas no tuvieran el capricho inorpotuno de moverse a su antojo.

Yo no tendría nada que decir.

Yacería aburrida, en la apática monotonía, sin ninguna curiosidad por ser todo siempre igual.

Por suerte, querido amigo, las cosas no son así, y a eso se debe: mi incontinencia verbal, mi crítica descortés, mi observación entrometida, mi insorportable reverberación, mis recriminaciones malgeniadas, mis imprudentes respuestas, mis maliciosas preguntas, mi desconfiaza patente, y todo aquello que les pica a muchos.

Espero que comprendas que, dadas las circunstancias, no puedo bajar la guardia; viendo como el azul ya no es azul; ni el negro, negro; ni el rojo, rojo; como lo recto se tuerce;

Frmeza para defender.

y lo curvo no se mantiene; y quedar impasible sin descubrir qué color ha tomado el azul, y el negro, y el rojo, sin medir el grado de torcedura de lo recto, sin preguntarme el porqué de que lo curvo no se mantiene.

Me parece coherente, y de derecho, que si lo demás puede tomar un curso distinto también lo haga yo. Sin tener que ceñirme a ser siempre azul, o siempre negra, o siempre roja, sin perder rectitud, sin desviar mi curvatura.

Contención desbordada

Judías sin gracia con patatas secas, un poco de agua no mucha sino hay sobrecargo, la carne sangrienta sin sal y algo dulce como un terrón de azúcar para terminar. No era una comida. Tampoco una cena. Menos un desayuno. Para ella, no lo eran. Estaba concentrada en su tarea escribiendo los platos con minuciosa precisión en el cartel del menú a 10 euros en la puerta de la Alberca. Curioso local repleto de grietas, enormes goteras, insoportable olor a humedad, con mesas cojas, y cristales agrietados.

–Elizabeth, ven –le dijo su jefe desde la puerta con el rostro fruncido, resoplando, y los labios bien apretados.

–Dígame. –se acercó ella con actitud servil, el rostro tranquilo, con curiosidad, y su habitual sigilo potente.

–Siéntate ahí. ¿Te parece adecuado tu comportamiento?

–Sí. Procuro hacerlo lo mejor que puedo.

Ni contenerse, ni desbordarse.

–¿Te parece normal eso? Llegas siempre diez minutos antes, sales de aquí más tarde de tu horario, limpias los cristales, nivelas las mesas, taponas los agujeros, y encima de todo eso, te tomas la atribución de escribir el menú de manera inmejorable siendo lo primero que ve todo el mundo. ¡No puedes continuar así! Es inadmisible. Si no cambias de actitud te va a ir indudablemente mal.

Reivindicación

Permíteme decirte que no es cobardía, como profesas con tus incompasivas palabras, sino una valentía mal enfocada, tolerar que la espalda, anquilosada, pero resistente y obstinada, soporte el peso de un miedo insignificante, mediocre o desmedido.

Es el silencio de la disputa sin testigos, en lo solitario de uno mismo, que se libra con más heridas que caricias, con más dudas que clarividencias, con más lamentos que júbilos.

Es la convivencia alimentada con lo que aprieta las entrañas, pero ante todo, es la sublime germinación del arrojo en un aprendizaje ralentizado.

Se da el punto, sin bis. Alguna vez. En el espacio insospechado, en el segundo audaz, con el semblante ideal y el juramento fiel; sucede...

No es valentía pura sino expresión de una victoria conseguida; el enfrentamiento con los demonios o fantasmas, con los endriagos o monstruos, con las fieras o bárbaros.

La lucha empieza en el interior.

Es el ruido de la batalla con seguidores que vitorean los toques infalibles que tumban.

Es la declaración divulgada de la libertad de la espalda...la pirueta voladora que atraviesa el cielo en un vuelo que sobrepasa...

Desprendimiento

Estiró la pata. Lo cual fue triste. Unos aclamaron eufóricos dada la congoja insostenible entre sus pechos y espaldas. Corrieron de un lado para otro. Perdidos. Otros con destino. La multitud sobria miraba hacia arriba, a veces, abajo, y cuando se encontraban de frente retenían sus músculos faciales dificultando su habla que se volvía inintelegible en expresión, comprensible en significación.

Entre candeleros y candelabros, con un traje impoluto, el cutis firme, los labios apretados, las manos abrazadas, y los pies juntos, observó la luz que susurraba su nombre animándole a avanzar. Una fuerza empujaba su espalda provocándole un cosquilleo de ansias de correr y zambullirse en ese resplandor librándose del hoy. Los recuerdos brotaban ante sus ojos despertando la melancolía, antes de haber partido, y en los de la multitud la compasión egoísta.

Así, sintió más su desgracia, y la luz ya no era tan brillante ni el pasado tan seductor,

Perder es la oportunidad de encontrar.

quedó, entonces, en un limbo solitario. Tomó su maletín y caminó hacia la puerta dejando tras de sí parte de sí.

¿Quién soy? –se preguntó –Ahora, ¿Quién soy?

Hasta que una voz le interumpió y con una sonrisa por su nombre lo llamó.

La constante búsqueda de la seguridad.

Don generacional

Colina chiquita de diminutos bonsáis con cisnes en pañales y mariposas infantes hipnotizadas por pequeños tulipanes conquistados por caracoles canijos ensombrecidos por desmesurados terneros peleando con colosales vacas de exorbitantes manchas acariciadas por vastas cosquillas de moscas sobresalientes atraídas por considerable olor a grandioso establo de inusitados caballos sobre mayúsculas rocas protectoras de enanos riachuelos de peces insignificantes en un caudal bajo con un barca descomunal en apuro tremendo con un hombre desproporcionado héroe magno frente a una mujer majestuosa por un corazón gigantesco que en sus extraordinarios brazos cobijaba microscópico niño de sonrisa culminante con ojos saltones encandilados por exuberante sol con mínimo temor de los caimanes bestiales que acechaban su diminuta cama en la extensa tela estampada aquella noche de pesadilla en sueño plácido convertida.

Deformación presionada

Siguió la corriente de una masa insistente. Imposible contradicción era cuestión de fuerza mayor. Rechinaba los dientes por su falta de convencimiento. Sacudía sus manos en solicitud de palabra entre el ruido de la muchedumbre agitada. Insistió entre el bullir del bullido. Persistió. Mimetizado, en piel contagiada por reflejo instantáneo, continuó en su agite despreciado. Observó su mano derretirse en una espalda, su cabello enredarse en fibras blancas, pelirrojas, castañas, negras, al igual, que su iris se tornó azul, marrón, verde con los pies no en sus zapatos y la chaqueta mal cosida a una falda florida cuando él llevaba pantalón.

Sintió el dolor ajeno, la alegría vecina, la euforia compartida, el lamento contagiado. Su pelo ya era más largo, sus piernas estaban cubiertas por un pantalón, y un vaquero, y una falda, y un short, como su pecho envuelto en camisa estrecha, y rayada, y holgada, y florida, y sus pies en zapatillas, y chancletas.

El miedo a la exclusión o la identidad.

Era grande, ahora, era muy grande, tenía mil cabezas, dos mil pies, una espalda de kilómetros. Sólo le costó una minúscula letra, y una inútil palabra, y una pesada oración, y un aburrido párrafo de un texto no nato.

Ángulo parcial

Si su abuelo hubiera nacido en este año, obvio no sería su abuelo, tampoco tan anticuado, pero seguro igual de sabio. Si algo sabía él era que la sapiencia no caduca sin razón justificada.

Aún así, se preguntaba el porqué las personas que le deslumbraron sin explicación pasaron a desilusionarle.

A los ocho años su amigo hacia juegos malabares que lo dejaban con la boca abierta, ahora, sus ojos se cerraban por vergüenza. A los doce años su corazón palpitaba al escuchar las historias de su tío que ponía énfasis en cada palabra escapando gestos y payasadas, ahora, sus ojos se cerraban por indiferencia. A los veinte fue seducido por la valentía de su compañero que no tenía reparos en hacer frente a cualquier situación, ahora, sus ojos se cerraban por incomprensión. A los veinticinco se descubrió ensimismado por la habilidad de su hermano para dar conclusión a complejos problemas, ahora, sus ojos se cerraban por descalificación.

Cada uno mira a su modo.

Miró atrás y descubrió que también existían personas que ignoró y habían avanzado a un esplendor envidiable. Se preguntó en qué lado estaría él.

Una mirada a lo lejos le mostró una mezcla de vergüenza, indiferencia, descalificación, e incomprensión al rastrearlo de cabeza a pies buscando alguna partícula reconocible. Se rió él de sí mismo por no reconocer su reflejo. Se preocupó por lo diferente que ve uno las cosas desde otros sitios.

Dulce vesania

En el paso de cebra ignorante del piar del monigote, en la noche oscura o en el alba, descubriendo cada vena, cada arteria, y hasta las moléculas más pequeñas, visionando los sueños del pasado, o los del futuro proyectados, discutiendo disputas desde otra perspectiva, saboreando las pulsiones del amor, castigándose por los obstáculos no considerados, lamiendo las heridas o entreteniéndose en su ego inflado.

Eran los motivos del bailar de sus manos, del agite de su boca, del ceño fruncido o la sonrisa ligera, del danzar sin compañía con un fantasma a la derecha, otro a la izquierda, y las miradas incrédulas de quienes ni a uno ni a otro divisaban; sólo un loco en su vesania.

El ladrido de un perro despertó un pensamiento, también, un cúmulo de sentimientos. Lo inspiró a reavivar un suceso pasado y pesado.

Desapareció el perro y vio el rostro de su compañero, continuó el andar revuelto, hasta que observó la tarea que le escondió y por las

Hablar solo, en ocasiones, es sano.

prisas cómo se cayó rodando escaleras abajo topándose con el armario, cuestionándose quién con poco atino ahí lo ubicó.

Sus manos ilustraron sus divagaciones denotando sorpresa, más aún, para quién estaba al otro lado de la acera que le respondió con un sonrisa placentera. Lo conocía, él se tornó en verguenza, pero volvió de nuevo a la tierra con el pensamiento más claro y el juicio sanado.

No hay 100 % malo ni bueno.

Sin absolutos

Eric Zubera, siempre, era el primero...era una constante inalterable imposible de contradecir.

Hasta, ahí, todo, absolutamente, todo, era perfecto. ¿Quién más puede ser el primero más que el primero?

Nunca, nunca, nunca, fue envidiado por nadie. Ni un poco. Ni poquísimo. Ni una milésima. Siempre estuvo rodeado de personas optimistas. Para con ellas mismas. Era feliz. Sabía extraer lo mejor de las personas, les libraba de todo lo malo porque Eric Zubera, siempre, era el primero. En eso.

El individualismo nos dispersa.

Sin recepción

Era ¿Qué era? Algo así, como un teléfono sin llamadas, un papel sin letras, un asiento sin posaderas. Triste asunto.

Le puso ocho neuronas más. Todo siguió igual. Aumentó la dosis de humor. Nada cambió. Elevó el porcentaje de ingenio. Las variables permanecieron constantes. Disminuyó los niveles de agresividad. Los índices ni se inmutaron. Estrechó los márgenes de amabilidad. Las partes no lo sintieron. Inyectó cuotas de motivación. Los registros se mostraron indiferentes.

Salió por impotencia, observó a un lado, a otro, y a otros, y nadie percibió su presencia. Todos estaban frustrados mareando arriba y abajo las cosas como directores de una orquesta en huelga que ,a la vez, también tenía líderes que presidían su propia sintonía desobediente porque contenía capataces atentos de encabezar otra en un círculo imparable.

La implicación muta lo ajeno en propio.

La minoría no ajena

En defensa propia, le ayudó.

Estaba el anciano luchando contra la acera que en tono de burla avanzaba y se recogía esquivando el pie tembloroso del hombre marchito cuyos ojos igual le revoloteaban despistados porque la calle se confabuló con ella en ese baile ingrato. Se acercó él a su rescate y, así, consiguió el otro cruzar la calle.

Los demás le miraron con desprecio porque no actuó en defensa ajena.

Luchar por alguién es luchar por uno.

Evocación

Tú me has mirado a los ojos y eso lo cambió todo. Hubiera ido como cada día, en mi mecanizada carretera, entre los cafés comprometidos, las llamadas obligadas, y las reuniones agrias. En evasión, constante, disimulada, y ligera, no tenía consciencia de que otra deserción existiera. Hasta que caí en tus pupilas cuando éstas atraparon las mías. Quedé en un sueño mucho más placentero que el cielo azul, la playa soñada, o la escapada ansiada que antes retenían mi apagada mirada. Será cuestión hormonal, aún así, me volví a enamorar. La adrenalina afloró, y en ese climax, parte de mí renació. Perdida entre los brazos de él, lo volví a ver y en él me volví a encontrar, recordándote a ti, y la maravilla que los dos creamos al final.

Inocencia perdida

–**N**o es justo, no es justo, no es justo... – repetía insaciable su fina voz entre las lágrimas sonoras de sus ojos tristes aquella tarde de un antes y un después–. Quédate conmigo, no te vayas, quédate, por favor, por favor... –Lo abrazaba sin llorar el dolor de sus manos por las heridas que brotaban en cada estrujón–. Seré buena... –continuaba sin interrupción con la esperanza intacta a pesar de los moratones de sus rodillas por clavadas en el suelo. Ella, todavía lo sostenía sin intención de dejarlo marchar.

El cielo se tornó negro, y con lo oscuro liberó el agua que ya no resistía el encierro. Las nubes compasivas dieron consuelo a sus ojos irritados. Las calles se inundaron levemente, lo suficiente para lavar sus piernas en un frío refrescante mas sus brazos fuertes aún retenían a un amigo desvaneciente. Los coches pitaban en bocinas alteradas. La escena alargada consumía los minutos y en ese esfumar todos se encendían en gritos de reprimenda.

Uno nunca es consciente del sufrir ajeno.

«¡Muévete de ahí, niña!», decían sin reparar en el sufrir que su cuerpo contenía.

Las luces de las sirenas iluminaban la noche oscura, y la autoridad llegaba para poner fin a una interrupción no tolerada, menos entendida, con poco interés de ser considerada. Levantada, por unos brazos fornidos, voló por el aire para ir a parar a un banco helado, pero con su amigo. Le preguntaron quién era, pero ella no contestó, sus labios sólo pronunciaban «amigo, mío, amigo, mío, no te vayas.» ¿Cómo se llama? le insistieron, ella cedió y les dijo Amigo, a lo que sorprendidos le imperaron que eso no era un nombre sino una condición.

Los ojos de ella empapados en lágrimas mas su cara en agua de lluvia se abrieron tanto como pudieron extrañada.

--Es mi amigo, Amigo,...el mejor que se puede tener...No te vayas, por favor, por favor –Lo miró a sus preciosos ojos azules fijos en un cielo negro como un amanecer espléndido acariciando su cara con delicadeza.

–¿Qué te parece si llamamos a tus padres? ¿Cómo te llamas, pequeña? –la cubrió, el

La imaginación es una buena medicina.

agente, con su chaqueta, con mucha paciencia, ignorando las exigencias de las voces ajenas que aún revoloteaban curiosas por la acera.

– María, sólo padre.

–Está bien. ¿Dónde lo podemos localizar?

–En el Hospital San Pablo

–¿Es médico?

–No, se muere.

–¡Oh! Entonces, deberíamos ir.

–¿Y mi amigo?

–Él estará muy feliz...querría que tu también lo estés. Es tu amigo, Amigo, el mejor amigo del mundo –Levantó el agente a la niña en brazos que se resistió a soltar la gabardina amarilla.

Agite paciente

–¡¡¡Basta!!! –gritó con la mano en la falda, la mirada en la espalda, y en tensión desmesurada–. ¡Cállate!, estorbas mis oídos, ¿no lo ves? o ¿¡he de explicártelo también!? –se le escapó–. No lo veo, pero no quiero tus desvelos –Inocentemente contestó–. ¡Ah! ¿Ahora te preocupa mi sueño? –burlonamente retrucó–. Sí –Sujetó él su casaca y salió a paso ligero entre los sauces llorones, el barrizal, y el camino desviado, subiendo colina arriba donde se pierden las figuras y se convierten en punto entre la niebla baja, y el horizonte ausente. Quedó allí, en un estar sin estar, escuchando el eco desquiciante de esa voz aún delirante–. ¿Dónde estás? ¡Cáspita! ¿Así te vas? –limpió los desperdicios, arrojándolos al fuego de una chimenea ardiente que expulsaba chispas de desgana. La alimentaba tanto que la empachó con los despojos que, por el suelo, encontró–. ¡Qué desgraciada! Aquí postrada con las manos negras en la suciedad revuelta, con el cutis marchito por lo envejecido, con las faldas descosidas. Me estoy tardando. ¡Ay! Mi Rogelio.

El amor es paciente.

Sonó el timbre. Con paso pesado, por tramos ligeros, las manos frías con calor superfluo abrieron la puerta de un roble seco. Dígame. Tras de sí una voz esperada en una tarde sombría de un día de invierno con los cristales empañados de una casa solitaria en un paraje desierto testigo de sus propios lamentos, de sus heridas, de sus sonrisas ausentes, de sus lágrimas presentes. Hola. Hola, pase usted. ¿Está bien? Sí, ¿por qué? No sé. ¿Quiere algo de tomar? Encantado. ¿Quién es ese? Mi marido. ¡Ah! Es guapo. Sí. Nos parecemos, ¿verdad?. Como dos gotas de agua, diría yo. ¿Usted cómo se llama? No me acuerdo. Mi marido Rogelio. Me gusta, ¿me lo presta? Claro, como si fuera suyo.

Toda actitud tiene un explicación.

A sí mismo.

Lo alabaron, y su rostro deslúcido reveló un pensamiento crítico que cruzó su cabeza atacándolo a sí mismo. Por ello, él, siempre, prefería las críticas porque con ellas su pensamiento germinaba una justificación en defensa de sí mismo.

Lo alabaron, y su rostro lúcido reflejó un pensamiento altivo que inundó su razón alentándolo a sí mismo. Por ello, él ,siempre, huía de las críticas porque con ellas su pensamiento cuestionaba su comportamiento desmoralizándolo a sí mismo.

Lo alabaron, y su rostro no lúcido reflejó un pensamiento prudente que evaluó su veracidad apartándose a sí mismo. Por ello, siempre, escuchaba las críticas porque con ellas su pensamiento comprobaba su hacer acercándose a sí mismo.

Los tres fueron felices, por momentos.

¿Qué estoy haciendo yo?

Entre la calle principal, la mediana, y esa chiquita poco transitada, entre ese concurrir de las venas urbanas, entre los rostros cansados, estresados, agilizados, ahí, se levantaba un pequeño local de dos metros por dos, y poco más. Un letrero poco entendible de colores apagados, y con las letras borrosas. La iluminación precaria junto con el abismal bloque de acero, con escombros que descansaba abandonado frente a la puerta, lo protegían en lo oculto de un rincón exigiendo esfuerdo de atención. Nadie reparaba en ese escaparate, transparente, pero en la realidad opaco.

–Mira, otro y otro y otro y otro más. ¿Crees que alguien mirará hacia aquí? No, demasiadas cosas revueltas se dan en sus cabezas.

–Ese ha reñido con su mujer.

–Esa joven tiene conflictos laborales.

–Ese hombre problemas económicos.

–Es gracioso el desfile de ropas, unos con abrigo, otros desabrigados, unos con tonos invernales, otros demasiado floreados. ¿Crees que en algún momento se pararán?

–No, son autómatas. ¡Claro!

–Esto está bien. Hablar con una misma, ¿verdad?

Una figura se detuvo, quedó con el rostro pegado al escaparate ignorado, su sonrisa era risa, y la risa, euforia, y la euforia unos brazos agitados que saludaban con empeño. Los ojos daban vueltas en muecas graciosas, y su abrigo rojo abrochado se fue desabrochando mientras cruzaba la puerta minúscula por segunda vez en el día tocada.

–Hola, ¿qué tal?

–Bien, hablando sola.

–¡Ah! Y ¿qué tal la conversación?

–Muy interesante –rió mientras colocaba la butaca a su lado para que su amiga se sentara , y ambas tomasen el café que sostenía en la mano dentro de un termo adornado por flores rojas y blancas casi a juego con su indumentaria.

–¿Qué tenemos hoy?

–Un estresado, un enfadado, una preocupada...y seguimos evaluando la situación.

–¡Fíjate! Aparece el optimista injustificado.

–Sí, vas aprendiendo Camila.

–Soy buena alumna, ¿verdad?

–¡En efecto! Su paso es rápido en son de un baile de música imaginaria, sus labios están curvados, pero tensos signos de la sonrisa forzada, las manos aunque cuelgan de brazos que fluyen en cada vaivén demuestran la contención final, su mirada no está alegre sino que demuestra la reflexión y por tal, no un fluir real de positividad sino un diálogo interno forzado. Seguro creando buenas proyecciones, empujando la máquina de las ilusiones no innatas, ¿lo ves? Observa, está hablando con alguien, ¿lo notas? Sus pies parecen estar en un ring, no se está quieto, da pasitos de un lado para otro, y para atrás, gesticula con ahínco, pero quiere huir. Afirma su cabeza, le está dando razones, no es propio del estado emotivo que se limita a sentir. Es un luchador, está haciendo oposición a lo negativo que le rodea, está decidido a ser feliz, a tener esperanza, a tener ilusión –un suspiro de su amiga interrumpió su exposición que ya se tornaba en monólogo descontenido.

–Bien ¿no? Es una buena actitud.

–Emmm –contestó en signo de no conformidad.

–¿No lo crees así?

–No del todo, piensa que si debe esforzarse tanto para conseguir ese estado de alegría y felicidad, es un fingir que oculta su desesperanza. Está luchando, pero al mismo, tiempo enterrando su sentimiento real de tristeza, desilusión, y puede que impotencia o frustración. Es guerrero, no quiere sentirse fracasado, no se anima a meterse en piel de abatido, o de vulnerable, teme entrar en el cuarto de la tristeza, y ese miedo es proporcional a su esfuerzo. Puede deberse a que si cruza la frontera intuye un no salir de ahí. Yo diría que pende de un hilo.

–Sin embargo, ¿tú, siempre, dices que hay que luchar?

–Por supuesto, pero también asumir nuestras flaquezas, dar tregua al corazón para llorar si lo necesita, consentirnos caer, la anulación de lo evidente es un autoengaño. Hay que otorgar tiempo al decaimiento, y a la euforia. De otro modo, su negatividad se sublevará. Pasará del positivismo forzado absoluto a la negatividad desatada radical.

–Podría ser...equilibrar.

Todo de todo es igual a nada de nada.

Mil atuendos sin sentido

Sonó la campana retumbando en sus huecos. Se colocó la chistera. Antes de cruzar la puerta, se rascó, con la mano peluda de garras afiladas, la nariz de payaso con cuidado de no dañar la verruga. La varita torcida no emanaba chispas. Por su boca, asomaban los colmillos que en ritmo discontinuo desaparecían como todo lo demás. La escoba estaba vaga por lo que siguió haciendo malabares consigo mismo.

La acción supera a la quietud.

Pasos desafinados, pero pasos.

Como lagarto al sol sin sol, escondido en un cajón, enturbió la calma con los chillidos de sus frases amargas que recogía de vuelta intensificando la rebelión de su desolación. La espiral se contrajo haciendo inevitable la explosión por una presión desorbitada que no resistía lo asfixiante de una diminuta caja.

Golpeó la pared. Otra vez. A la quinta se enganchó en un automatismo seductor. La música no tenía ritmo, pero era por pasos enérgica, por otros delicada. El contraste se subía por los brazos en un alterar sus lazos rubios como su cabello que suelto bailó con el viento. El silencio. El inicio. La calma. El principio.

Sus piernas deshidratadas se bebieron las lágrimas. Sin ritmo, pero con acción salió el largarto a por su sol sin abandonar el cajón.

Acorralamiento deliberado

Su sometimiento forzado chocó con la libertad por encierro sin escapatoria. No existía camino sin custodia ni por la derecha, ni por la izquierda, ni arriba, ni abajo. Sus manos con ahínco atadas, como sus piernas en cinta de embalar envueltas, se volvieron inútiles para una escapada. Con convulsiones, se resistía en el hormigón frío del subsuelo al que lo habían arrojado.

Su ayer se tornó en sueño. Las figuras difusas, pero negras enteras, y con autoridad desmedida, lo torturaban sin consideración, en el silencio, con puños agresivos en un arresto indebido, pero consentido. Las pisadas intimidantes le asesinaban cualquier utopía de rescate. No existía héroe capaz de cruzar los muros sólidos que con crueldad se levantaron. Los sollozos de otras celdas no le consolaron sumiéndolo en una desdicha mayor.

Indefenso en un cubículo estrecho, las maniobras eran una odisea porque la energía disminuía en su cuerpo marchito.

No consentir por impotencia.

Falto de alimento, sus músculos se lucían debilitados como su cerebro deshidratado de ideas. Postrado en agotamiento, el hormigón le cedió sus grietas como segundero de un reloj que no marcaba horas sino la cuenta atrás hacia un destino evidenciado.

Sin crédito, esperó su condena en la sucursal sopesando los índices de la masacre lícita.

En su sitio

La trituradora imparable se los comió entre sus afilados dientes impasivos que troceaban cualquier prueba de su existencia. Se lo pidió en súplicas y ella cedió. Las bolsas cogieron en sus tripas los miles de pedazos destinados a un callejón oscuro de una calle no transitada, en un lugar no mencionado, para no tentar a la suerte de que un curioso desvelara lo que con precisión y paciencia buscaba ser enterrado.

La noche fue larga, el edificio con las luces iluminadas encerró entre sus puertas una matanza de papel desmedida.

Ella aceptó y él y algunos otros también. Todos consolados en la culpa compartida de un delito que en la mayoría perdía sentido más cobraba autoría. Reían en vez de temer entre bocadillos, patatas, refrescos y cervezas, en una fiesta de destrucción.

Protegidos, seguros, calmados, se sintieron responsables, obedientes, y leales. Durmieron, bien lo hicieron, sin ningún desvelo.

Los necios son grandes optimistas.

No se preguntaron.

Sólo fue una fiesta, un día cualquiera, sin mayor repercusión que su buena promoción.

Siguen durmiendo plácidos, aún hoy, siguen dormidos como angelitos.

Los ves y son como niños.

Consagración

La desnudó con suavidad separando sus capas tiernas y jugosas. Su olor fuerte en sintonía con lo picante de su sabor hacía innevitable su llanto desconsolado, pero, aún así, no lo impacientó sino que resistió ese inconveniente sin sucumbir a la desesperación. Entendió que el escozor era su escudo de protección, también, su rasgo diferencial que la hacía tan atractiva para sus labios, su lengua, su boca entera.

Se contuvo de ser cruel rehusando de partirla por la mitad para aliviarse el malestar. No usó cuchillo, le ofreció la suavidad de sus manos desnudas en muestra de igualdad. Compartió el roce de piel a piel sin obstáculos de metal. Estrechó los lazos, comprendiendo más su belleza, entusiasmado por el placer de tener parte en ella. La acicaló preparándola en su transición. Era de su gusto probar los bocados en perfecto estado como ellos rogaban ser tratados.

El comezón de sus córneas lo cegaban, pero confiaba en su tacto para dar nitidez a la

Esfuerzo e intención proporcionales.

belleza que su ver enturbiaba evitando olvidarla.

Por ello, no la abandonó. Despojó de sus mantos, que escondían el jugo exquisito de su interior, a ese bulbo que en una mirada lo cautivó.

El desenlace asomó con esplendor al exponer su corazón, los dos, en una conversación plena donde no había reticencias ni cautela sólo la tranquilidad de la amistad sólida y sincera.

Resurgir

Muchas veces es en el lecho del desasosiego más de lo que pocas veces fue en el escuadrón de la evidencia donde la convicción no tiene mérito mas es la tendencia.

Lo impreciso desfigurado dibujó definición en el vacío entre lo oscuro y su sitio difuso.

Se hizo más presente con más ahínco y ruido el color de su simiente al perderse entre la niebla fatídica de una cueva que en su macabro humor lo enterró.

Muchas veces ama en el arrebato de la nostalgía más de lo que pocas veces amó en la hoguera de la parentela donde el afecto no tiene interés mas es convivencia.

Lo aislado olvidado apreció el calor en el desabrigo entre la roca fría y la carne entumecida.

Resurgió con tempestad y capricho el candor de su flaqueza al transcurrir entre las lunas mudas de una caverna que no tenía ventana alguna.

Perderse, a veces, nos hace encontrarnos.

Muchas veces reza en la renovación de la esperanza más de lo que pocas veces rezó en el cuartel de la inmunidad donde la fe no tiene ceguera mas es fianza entera.

La flaqueza miedosa descubrió vulnerabilidad entre el vestuario y el desnudo desvestido.

Afloró con ternura e inocencia la fragilidad de su entereza al imaginarse entre la maleza de una guarida que como cadáver lo quería.

Muchas veces suenan, en lo extenso de la tierra, los silbatos de rescate donde todos aguardan hallarle.

Pocas veces, ninguna, sonaron con acierto.

Ahora es, ahora ama, ahora reza. Quién sabe que pasaría si lo encuentran.

Las virtudes mal aplicadas son mal percibidas.

Parejas disparejas

Siempre, hay varios entre la multitud; oportunos para lo oportuno, precisos para lo preciso, delicados para lo delicado, polémicos para lo polémico, trascendentes para lo trascendente.

Es buscar la leche de vaca en la vaca, la lana de oveja en la oveja o la carne de cerdo en el cerdo. Si se pretende tener un chuletón, un jersey o un chorizo debes preguntar a otros que al animal.

Siempre, hay pocos entre la multitud; oportunos para lo preciso, precisos para lo delicado, delicados para lo polémico, polémicos para lo trascendente.

Más aún, se complica aquello de...

...trascendentes para el progreso.

Hay muchos progresistas para lo progresado. Pocos progresistas para lo estancado.

Mediciones

Sus regalos, siempre, eran raros. Por ello, no le extrañó al niño avispado recibir de su abuelo enrevesado un metro, un calibrador, una regla, y demás utensilios de medición. Lo que tenía claro era que no quería que fuera arquitecto, ni modista, ni delineador. Aún así, no llegaba, su mente todavía ignorante, a vislumbrar qué pretendía el anciano con semejantes juguetes a su modo poco útiles.

–Abuelo, me gusta, pero ¿Qué hago con esto?

–Pequeño, llévalo siempre contigo.

–¿Para qué?

–¿¡Para qué va a ser!? ¡Qué cosas tienes! Para medir. Está claro.

–¿El qué?

–Los problemas.

–¿Los problemas?

–He vivido lo suficiente para darme cuenta de algo crucial. ¿Estás atento?

Tan alto como uno se ve, y ve; se mueve.

–Sí –contestó el niño atónito–.

–Todo los problemas, siempre, son una cuestión de tamaño. La solución debe estar cerca del metro.

–¿¡¡¡Cómo!!!?

–Cuando tengas un problema no pienses en él, limítate primero a medirlo ¿Qué altura crees que tiene respecto a ti? Si te sobrepasa por cabezas, hijo mío, te sientes demasiado enano. Entonces, deberás esforzarte en ganar altura. Una posición que te dará actitud.

–¿Y si es más bajo que yo?

–Debes hacer lo contrario, ayudarlo a tomar altura, disminuyendo la tuya. Una posición que te dará comprensión.

–¿Y cuánto subir o bajar?

–Hasta nivelar las alturas para que vuestros ojos se encuentren frente a frente.

El origen de un fluir desbordado.

Las palabras mudas se cansaron del exilio proclamando su debida atención, desvelando las emociones contenidas, rompiendo el pacto de silencio por las dudas que en lo incierto vislumbran. Lo inconexo abandonó su falsa apariencia y en la fluidez de las palabras se cobró las conexiones.

Pícaras, mostraban parte y escondían media, marcaban un camino y no mostraban el resto del destino. Hipnotizaban seduciendo, pero en su interior cosechaban un hacer mucho más espeso. El pensamiento mutó, así, en tinta moderna ,sin lápiz ni tacto de libreta , en un ser existente reflejado en lo presente.

Surgió la primera promesa en la impotencia o la potencia, donde no se asume la no posibilidad, dónde uno quiere más, espera más, se confía más. ¡Es su hora! ...– pensé en un acto de conciliación con mi mente, mi mano, y las palabras que juntas formaron un sentido propio digno de no ser anestesiado.

Carolina A. Durán